Dorian Nieto

Recettes express pour soirs de semaine

LES INDISPENSABLES EN CUISINE

SOLAR

Édito

Vous débutez en cuisine ? Vous êtes pressé par le temps ou disposez de moyens limités ? Vous ne manquerez plus d'idées pour faire face à tous les impératifs et toutes les occasions du quotidien.

Dorian, blogueur culinaire créatif et curieux, a imaginé pour vous 90 recettes super faciles de plats du soir à préparer en moins de 20 minutes. Il vous offre dans ce livre ses secrets pour parvenir à l'équation idéale d'une cuisine familiale vraiment simple et rapide, ou comment, avec peu d'ingrédients et aussi peu d'étapes, proposer des recettes variées et originales.

Découvrez ainsi l'essentiel pour élaborer des petits plats complets et équilibrés privilégiant les produits de saison et révélant de nouvelles associations gourmandes.

Déclinez vos envies du soir avec ces recettes indispensables qui redonneront du goût à votre cuisine de tous les jours : simplicité et saveur seront au rendez-vous !

Sommaire

Omelette quiche

Pour **4 personnes**
Préparation : **6 min**
Cuisson : **12 min**

6 œufs – 100 g de cubes de jambon de Paris – 90 g de gruyère râpé
90 g de crème fraîche entière – 1 noisette de beurre – sel et poivre

1 Battez les œufs avec le jambon, le gruyère et la crème fraîche dans un saladier. Salez et poivrez à votre goût.

2 Faites fondre le beurre dans une poêle antiadhésive de 22 cm environ, puis versez-y l'omelette. Faites cuire 8 minutes à feu doux.

3 Faites glisser l'omelette sur une assiette et placez-la sous un gril brûlant pendant 3 minutes.

Vous pouvez ajouter un peu de moutarde pour donner un coup de peps !

Fish'n' salad

Pour **4 personnes**
Préparation : **10 min**
Cuisson : **5 min**

4 filets de cabillaud – 1 œuf battu – 2 tasses de chapelure – 2 tiges de thym effeuillé – 1 cuil. à soupe d'amandes effilées – 1 cœur de salade feuille de chêne – ½ pomme verte coupée en tranches fines – 1 cuil. à soupe de noisettes grossièrement hachées – huile
Pour la sauce : 2 cuil. à soupe de yaourt à la grecque – 1 cuil. à soupe d'huile d'olive – 1 cuil. à soupe de vinaigre de cidre – sel et poivre

1 Mixez ensemble la chapelure, le thym et les amandes.

2 Roulez le poisson dans l'œuf battu puis dans la chapelure, et faites-le frire 5 minutes environ dans un bain d'huile à 160 °C.

3 Fouettez ensemble le yaourt, l'huile et le vinaigre. Salez et poivrez à votre goût.

4 Répartissez la salade et les tranches de pomme dans les assiettes, arrosez de sauce au yaourt, parsemez de noisettes et déposez le poisson par-dessus.

N'hésitez pas à ajouter d'autres herbes dans la chapelure !

Taboulé de chou-fleur

Pour **4 personnes**
Préparation : **5 min**
Cuisson : **3 min**

400 g de chou-fleur – 6 radis roses hachés grossièrement – 2 oignons nouveaux hachés grossièrement – 2 tiges de menthe effeuillées
2 tiges de coriandre effeuillées – 1 cuil. à soupe de jus de citron
Pour la sauce : 2 cuil. à soupe d'huile d'olive – 1 cuil. à soupe de jus de citron
sel et poivre

1 Coupez les petits bouquets de chou-fleur en morceaux, puis mixez-les jusqu'à obtenir une semoule assez grossière. Arrosez celle-ci de jus de citron et passez-la 3 minutes au micro-ondes à pleine puissance. Mélangez et laissez refroidir.

2 Préparez la sauce pendant ce temps : mélangez l'huile et le jus de citron, salez et poivrez à votre goût.

3 Mixez ensemble assez finement les radis, les oignons nouveaux, les feuilles de menthe et de coriandre.

4 Mélangez ce hachis à la semoule de chou-fleur, puis arrosez de sauce et remuez une dernière fois.

Pour changer de couleur,
utilisez du chou romanesco !

Guacamole aux crevettes

Pour **4 personnes**
Préparation : **5 min**

2 avocats – 20 tomates cerises coupées en quatre – 20 crevettes cuites décortiquées – 2 oignons nouveaux, blanc et vert séparés et émincés – 8 tiges de coriandre + quelques feuilles pour décorer (facultatif) – 2 cuil. à soupe de citron vert – quelques gouttes de Tabasco®

1 Mixez la coriandre et le blanc des oignons nouveaux. Ajoutez la chair des avocats, le citron et le Tabasco®, et mixez encore jusqu'à obtenir une pâte lisse.

2 Dressez le guacamole dans des assiettes, avec les crevettes et les tomates cerises. Terminez en parsemant du vert des oignons et éventuellement de quelques feuilles de coriandre.

N'oubliez pas les tacos et le citron vert pour servir !

Muffin au bacon avec un œuf coulant

Pour **4 personnes**
Préparation : **5 min**
Cuisson : **10 min**

4 muffins – 16 tranches de bacon – 8 tranches de Leerdammer® – 2 œufs
2 tomates coupées en tranches fines

1 Faites cuire les œufs 6 minutes dans une casserole d'eau bouillante, puis plongez-les dans de l'eau glacée avant de les écaler.

2 Faites griller le bacon dans une poêle antiadhésive bien chaude et les muffins dans un grille-pain.

3 Déposez les tomates sur 4 demi-muffins. Faites ensuite alterner les tranches de bacon avec les tranches de fromage. Déposez enfin 1 demi-œuf au jaune coulant et refermez le muffin.

N'hésitez pas à les passer au four avant de déposer les œufs !

Tartare au saumon

Pour **4 personnes**
Préparation : **10 min**

150 g de saumon – 45 g d'avocat – 45 g de pomme – 45 g de concombre
20 g de fenouil – 4 tiges de ciboulette – 3 cuil. à café d'œufs de saumon
1 cuil. à soupe de jus de citron – 1 cuil. à soupe d'huile d'olive
salade pour servir (facultatif)

1 Coupez le saumon et l'avocat en petits cubes. Réservez séparément.

2 Mixez la pomme, le concombre, le fenouil et 3 tiges de ciboulette.

3 Videz le contenu du mixeur dans un bol, puis ajoutez l'avocat, le citron et l'huile, et mélangez.

4 Dressez les assiettes : étalez une couche de saumon, puis une couche du mélange à l'avocat et une nouvelle couche de saumon. Finissez en ajoutant la ciboulette restante émincée et les œufs de saumon. Servez éventuellement avec quelques feuilles de salade.

Essayez avec quelques gouttes de Tabasco® !

Gaufre aux deux saumons

Pour **4 personnes**
Préparation : **10 min**
Cuisson : **6 min**

250 g de pâte feuilletée – 120 g de saumon fumé mixé – 2 cuil. à soupe d'œufs de saumon – 100 g de crème liquide – 60 g de mascarpone

1 Étalez la pâte feuilletée de façon à obtenir un rectangle de 30 × 40 cm. Garnissez-la sur un côté d'une bande de saumon fumé de 3 cm, puis enroulez-la en commençant par le bord du saumon. Fermez les extrémités en repliant la pâte sur 1 cm environ de chaque côté. Roulez le tube en escargot.

2 Déposez la pâte dans un gaufrier et faites cuire 6 minutes environ.

3 Battez pendant ce temps la crème et le mascarpone en chantilly.

4 Découpez la gaufre en 4 portions. Avant de servir, déposez de la chantilly et des œufs de saumon sur chaque gaufre.

Pensez à d'autres
poissons fumés
pour préparer
cette recette !

Steak tartare

Pour **4 personnes**
Préparation : **15 min**

450 g de steak coupé finement au couteau – 2 cives (ou 1 petit oignon nouveau) émincées (ou émincé) finement – 6 cornichons coupés en petits morceaux – quelques gouttes d'huile de sésame – 1 cuil. à soupe de sauce Worcestershire – 1 cuil. à soupe de feuilles de basilic hachées
4 cuil. à soupe de pignons hachés – sel et poivre

1 Mélangez la viande, la sauce Worcestershire, le basilic, les trois quarts des cives, les trois quarts des cornichons et l'huile de sésame. Salez et poivrez à votre goût. Formez 4 palets et déposez-les dans des assiettes.

2 Mélangez les pignons de pin avec le reste des cives et des cornichons. Parsemez-en les steaks et dégustez bien frais.

Si vous voulez donner un côté plus asiatique au tartare, remplacez le basilic par du basilic thaï.

Quiche lorraine express

Pour **4 personnes**
Préparation : **2 min**
Cuisson : **23 min**

1 pâte brisée – 120 g de poitrine fumée taillée en allumettes – 3 œufs
60 g de gruyère râpé – 90 g de crème fraîche épaisse – 1 pincée de noix de muscade – poivre

1 Préchauffez le four à 240 °C (th. 8). Étalez la pâte dans un moule à tarte, piquez-la à la fourchette et précuisez-la 8 minutes.

2 Faites sauter pendant ce temps la poitrine fumée 2 minutes à feu vif dans une poêle antiadhésive.

3 Fouettez les œufs dans un saladier, puis ajoutez les allumettes de poitrine fumée, le gruyère, la crème et la noix de muscade. Poivrez et mélangez.

4 Versez le tout sur la pâte et enfournez pour 15 minutes. Passez éventuellement sous un gril brûlant en fin de cuisson.

Vous pouvez ajouter un peu de moutarde à l'ancienne dans l'appareil de la quiche.

Wok de poulet aux légumes

Pour **4 personnes**
Préparation : **5 min**
Cuisson : **11 min**

2 blancs de poulet coupés en cubes – 3 poivrons coupés en cubes (1 rouge, 1 vert, 1 jaune) – 1 petite courgette coupée en morceaux – 4 cuil. à soupe de cacahuètes hachées grossièrement – 1 cive coupée en rondelles (ou 1 oignon nouveau) – 1 gousse d'ail écrasée au presse-ail – 10 cl de bouillon de volaille 2 cuil. à soupe de sauce yakitori (ou sauce soja sucrée) – 1 cuil. à soupe d'huile neutre – poivre

1 Faites colorer le poulet avec l'huile 2 minutes dans un wok à feu vif. Ajoutez tous les légumes et l'ail, poivrez et mélangez pendant 1 minute. Versez le bouillon et la sauce yakitori. Faites revenir jusqu'à ce que la sauce devienne sirupeuse, 8 minutes environ.

2 Servez dans les assiettes et parsemez de cive et de cacahuètes.

N'hésitez pas à varier les légumes : pois gourmands, haricots verts...

Wok de bœuf aux brocolis

Pour **4 personnes**
Préparation : **5 min**
Cuisson : **8 min**

500 g de faux-filet de bœuf coupé en cubes – 3 têtes de brocolis coupées en petits bouquets puis en deux – 6 gousses d'ail coupées en deux 1 cuil. à soupe d'huile neutre – 1 cuil. à café de sésame doré – quelques gouttes d'huile de sésame – 15 cl de bouillon de bœuf – 2 cuil. à soupe de sauce yakitori (ou sauce soja sucrée)

1 Faites sauter l'ail et la viande avec l'huile dans un wok à feu vif 2 minutes. Ajoutez les brocolis et mélangez pendant 1 minute. Versez le bouillon et la sauce yakitori. Faites cuire pendant 4 minutes.

2 Disposez la viande et les légumes dans les assiettes.

3 Faites réduire éventuellement la sauce restante dans le wok à feu vif pendant 1 ou 2 minutes jusqu'à ce qu'elle devienne sirupeuse, puis versez-la sur les assiettes ainsi que l'huile et les graines de sésame.

Pour une version plus asiatique, remplacez le brocoli par du pak choï !

Wok de crevettes aux noix de cajou

Pour **4 personnes**
Préparation : **5 min**
Cuisson : **6 min**

250 g de crevettes décortiquées – 50 g de noix de cajou grillées et salées, hachées grossièrement – 3 oignons nouveaux émincés finement, blanc et vert séparés – 1 gousse d'ail coupée en deux – ½ piment sec – 2 cuil. à soupe d'huile de tournesol – 1 cuil. à café de vin blanc – 1 cuil. à café de blanc d'œuf – 1 cuil. à café de Maïzena® – 2 cuil. à café de bouillon de légumes 1 cuil. à soupe de sauce soja – 1 cuil. à café de miel

1. Mélangez le vin, le blanc d'œuf et la Maïzena®. Versez le tout sur les crevettes.
2. Versez l'huile dans un wok et faites-y sauter l'ail, le piment et le blanc des oignons pendant 2 minutes.
3. Ajoutez les crevettes et les noix de cajou, et faites cuire 2 minutes en remuant constamment.
4. Versez le bouillon, la sauce soja et le miel et laissez sur le feu encore 2 minutes.
5. Servez dans les assiettes et ajoutez le vert de l'oignon.

Si vous craignez le piquant,
oubliez le piment !

Curry minute au poulet

Pour **4 personnes**
Préparation : **8 min**
Cuisson : **12 min**

240 g de riz mélangés (basmati, rouge et sauvage) – 4 beaux blancs de poulet coupés en petits cubes – 4 oignons nouveaux émincés
40 cl de lait de coco – 20 g de beurre – 1 cuil. à soupe de curry en poudre
2 feuilles de laurier – 2 cuil. à soupe d'amandes effilées – quelques feuilles de coriandre – sel et poivre

1 Faites cuire le riz selon les indications figurant sur l'emballage.

2 Faites revenir pendant ce temps les oignons et les feuilles de laurier avec le beurre dans une sauteuse 3 minutes environ. Ajoutez le poulet et faites-le juste colorer de tous les côtés. Ajoutez le curry et poursuivez la cuisson pendant 1 minute en remuant. Salez et poivrez à votre goût.

3 Versez le lait de coco et poursuivez la cuisson 5 minutes à feu assez vif.

4 Répartissez le riz et le poulet dans les assiettes, puis parsemez d'amandes et de feuilles de coriandre.

Des filets de dinde à la place du poulet, c'est aussi bien !

Wok de nouilles sautées au porc

Pour **4 personnes**
Préparation : **5 min**
Cuisson : **10 min**

300 g de nouilles chinoises – 240 g de porc coupé en lamelles
120 g de pousses de bambou en julienne égouttées – 1 oignon nouveau émincé finement – 1 douzaine de tranches fines de concombre coupées en quatre – 4 cuil. à soupe de sauce soja – 2 cuil. à soupe de vin blanc
2 cuil. à soupe de vinaigre de riz noir – 2 cuil. à café de sucre en poudre
1 cuil. à soupe d'huile neutre – 4 tranches fines de gingembre – 1 cuil. à café de purée de piment – 2 cuil. à soupe de cacahuètes grossièrement hachées
½ cuil. à café d'huile de sésame – sel

1 Faites cuire les nouilles dans une grande quantité d'eau salée selon les indications figurant sur l'emballage.

2 Mélangez pendant ce temps les lamelles de porc avec la sauce soja, le vin blanc, le vinaigre de riz et le sucre.

3 Retirez le porc de sa marinade, égouttez-le rapidement et faites-le sauter 2 minutes dans l'huile bien chaude. Ajoutez le gingembre, la purée de piment et les pousses de bambou, et continuez la cuisson 1 minute.

4 Versez alors le jus de marinade du porc et remuez 30 secondes. Ajoutez les nouilles et mélangez bien.

5 Servez dans les assiettes et répartissez par-dessus l'oignon nouveau émincé, les tranches de concombre, les cacahuètes et quelques gouttes d'huile de sésame.

Si vous n'avez pas de vinaigre de riz noir, remplacez-le par la moitié de sa quantité en vinaigre de vin.

Poisson frit aux légumes chinois

Pour **4 personnes**
Préparation : **12 min**
Cuisson : **8 min**

500 g de filet de cabillaud coupé en morceaux – 200 g de carottes taillées en julienne – 200 g de concombre taillé en julienne – 100 g de pousses de bambou au naturel taillées en julienne – 1 œuf – 30 cl d'huile pour la friture – 3 cuil. à soupe de fécule de pomme de terre – 1 cuil. à café de purée de piment – 1 gousse d'ail écrasée au presse-ail – 5 à 10 g de gingembre haché finement
Pour la sauce : 1 cuil. à soupe de fécule de pomme de terre
2 cuil. à soupe de sauce soja – 1 cuil. à soupe de vinaigre de riz
1 cuil. à soupe de sucre roux

1 Préparez la sauce en mélangeant dans un bol la fécule, la sauce soja, le vinaigre de riz, 10 cl d'eau et le sucre.

2 Battez l'œuf avec les 3 cuillerées à soupe de fécule dans un saladier. Plongez les morceaux de poisson dans le saladier et mélangez délicatement. Chauffez l'huile dans un wok (elle doit être très chaude : 180 °C environ) et faites-y frire les morceaux de poisson à feu vif pendant 5 minutes. Égouttez-les sur du papier absorbant.

3 Videz l'huile restante. Dans le wok, mettez la purée de piment, l'ail et le gingembre, et faites-les revenir 1 minute à feu moyen en remuant régulièrement. Ajoutez la sauce sans cesser de remuer jusqu'à ce qu'elle épaississe, 2 minutes environ. Déposez alors les morceaux de poisson frits et les légumes dans la sauce et mélangez rapidement. Servez aussitôt.

Vous pouvez parfumer
le plat avec quelques
gouttes d'huile
de sésame.

Saumon grillé au risotto facile

Pour **4 personnes**
Préparation : **5 min**
Cuisson : **20 min**

4 darnes de saumon – 280 g de riz à risotto – 150 g de champignons de Paris au naturel émincés – 80 cl de bouillon de légumes – 1 cuil. à soupe d'huile d'olive + un peu pour la cuisson – 60 g de parmesan râpé – quelques feuilles d'origan – sel et poivre

1 Chauffez le bouillon au micro-ondes.

2 Chauffez l'huile dans une casserole, ajoutez le riz et mélangez pendant 1 minute. Ajoutez les champignons et le bouillon, salez et poivrez à votre goût, remuez et faites cuire le tout à couvert 18 minutes en remuant une ou deux fois.

3 Badigeonnez le saumon d'huile à l'aide d'un pinceau et faites-le cuire dans une poêle antiadhésive à feu vif 3 minutes de chaque côté.

4 Ajoutez alors le parmesan au riz, mélangez, couvrez et laissez reposer 1 minute avant de servir.

5 Déposez les darnes de saumon sur un lit de risotto et parsemez de feuilles d'origan.

Pour rendre le risotto plus moelleux, ajoutez 20 g de beurre avec le parmesan !

Dinde aux fruits exotiques

Pour **4 personnes**
Préparation : **5 min**
Cuisson : **10 min**

240 g de riz blanc – 4 escalopes de dinde coupées en cubes – 1 banane coupée en demi-rondelles – 1 petite mangue coupée en cubes – 20 cl de lait de coco – 20 g de beurre – ½ cuil. à café de garam masala – 2 ciboules émincées finement – 1 cuil. à café de zeste de citron vert râpé finement sel et poivre

1. Faites cuire le riz selon les indications figurant sur l'emballage.

2. Faites revenir pendant ce temps la dinde avec le beurre dans une sauteuse 3 minutes à feu vif. Ajoutez le garam masala, salez et poivrez à votre goût, puis remuez.

3. Versez le lait de coco et poursuivez la cuisson 5 minutes à feu assez vif en remuant régulièrement.

4. Répartissez le riz et la dinde dans les assiettes, puis ajoutez les fruits, les ciboules et le zeste de citron.

Le curry peut remplacer le garam masala !

Quiche saumon et estragon

Pour **4 personnes**
Préparation : **2 min**
Cuisson : **23 min**

1 rouleau de pâte brisée – 150 g de saumon cru coupé en cubes – 3 œufs 60 g de gruyère râpé – 90 g de crème fraîche épaisse – 2 tiges d'estragon effeuillées – sel et poivre

1 Préchauffez le four à 240 °C (th. 8). Étalez la pâte dans un moule à tarte, piquez-la à la fourchette et précuisez-la 8 minutes.

2 Faites sauter le saumon pendant 3 minutes dans une poêle antiadhésive à feu vif.

3 Fouettez les œufs dans un saladier, puis ajoutez le saumon, le gruyère, la crème et l'estragon ; salez et poivrez à votre goût et mélangez.

4 Versez le tout sur la pâte et enfournez pour 15 minutes. Passez éventuellement sous un gril brûlant en fin de cuisson.

Pour changer, remplacez l'estragon par de l'aneth !

Roulé au poulet à la mexicaine

Pour **4 personnes**
Préparation : **8 min**
Cuisson : **12 min**

4 tortillas – 2 blancs de poulet – 1 avocat coupé en morceaux – 12 mini-poivrons épépinés et coupés en deux – ½ oignon rouge émincé finement 1 oignon nouveau émincé, blanc et vert séparés – 4 tiges de coriandre grossièrement hachées – quelques gouttes de Tabasco® – 1 cuil. à soupe de jus de citron – sel et poivre

1 Mixez le blanc de l'oignon nouveau avec la coriandre. Ajoutez l'avocat, le Tabasco® et le jus de citron, et mixez jusqu'à obtenir une pâte lisse.

2 Faites griller les poivrons sur un gril bien chaud 3 minutes de chaque côté et le poulet 12 minutes en le tournant régulièrement. Salez et poivrez à votre goût. Émincez finement le poulet cuit.

3 Préparez le roulé en étalant sur les tortillas : une bande du mélange à l'avocat, de l'oignon rouge émincé, des poivrons, du blanc de poulet, du vert de l'oignon nouveau. Ajoutez quelques gouttes de Tabasco® selon votre goût.

4 Terminez en roulant les tortillas.

Pour une version maritime de ces roulés, remplacez le poulet par des crevettes !

Poulet et champignons à la crème

Pour **4 personnes**
Préparation : **4 min**
Cuisson : **16 min**

240 g de riz – 4 blancs de poulet coupés en cubes – 1 poireau émincé finement – 200 g de champignons de Paris émincés – 20 cl de bouillon de volaille – 20 cl de crème liquide – 2 oignons nouveaux, blanc et vert séparés – 20 g de beurre – 1 cuil. à soupe de farine – 4 tiges de persil frisé

1 Faites cuire le riz en suivant les indications figurant sur l'emballage.

2 Faites revenir le poireau avec le beurre 2 minutes dans une sauteuse. Ajoutez le poulet, laissez cuire 3 minutes, puis incorporez les champignons et le bouillon de volaille. Remuez et poursuivez la cuisson 5 minutes.

3 Versez la crème et le blanc des oignons nouveaux. Mélangez et laissez cuire encore 3 minutes. Ajoutez enfin la farine et faites cuire 3 minutes de plus en remuant.

4 Servez le riz et le poulet après les avoir parsemés de persil et du vert des oignons nouveaux.

Changez votre plat en ajoutant du paprika avec la crème !

Kedgeree au cabillaud et aux crevettes

Pour **4 personnes**
Préparation : **5 min**
Cuisson : **20 min**

4 œufs – 16 crevettes cuites décortiquées – 350 g de filet de cabillaud
300 g de riz – 60 cl de bouillon de légumes – 1 oignon haché fin
20 g de beurre – 10 cl de crème liquide – 2 cuil. à café de curry
4 tiges de cerfeuil – 4 cuil. à soupe d'amandes effilées – sel et poivre

1 Mettez à cuire les œufs dans une casserole d'eau bouillante pour 8 minutes.

2 Faites revenir l'oignon avec 10 g de beurre dans une casserole à feu assez vif pendant 2 minutes. Ajoutez le curry et le riz, et mélangez 1 minute. Versez le bouillon, salez, portez à ébullition, puis baissez le feu, couvrez et laissez cuire jusqu'à complète absorption de l'eau, pendant 12 minutes environ.

3 Chauffez le beurre restant dans une sauteuse 3 minutes avant la fin de cuisson du riz et faites-y revenir le cabillaud pendant 3 minutes à feu assez vif.

4 Quand le riz est cuit, versez-le sur le cabillaud et remuez délicatement. Ajoutez les crevettes et la crème liquide, salez et poivrez à votre goût et poursuivez la cuisson 2 minutes à couvert à feu très doux.

5 Servez le kedgeree dans les assiettes, parsemez-le de cerfeuil et d'amandes effilées, et terminez en déposant un œuf écalé et coupé en deux dans chaque assiette.

Essayez avec deux poissons,
cabillaud et saumon !

Sole vapeur aux petits légumes

Pour **4 personnes**
Préparation : **5 min**
Cuisson : **10 min**

4 filets de sole – 90 g de carottes coupées en tout petits cubes
90 g de petits pois – 90 g de fèves écossées – 90 g de courgettes coupées en tout petits cubes – 1 cuil. à soupe d'huile d'olive – 1 cuil. à soupe de citron vert – ¼ de cuil. à café de romarin haché très finement

1 Mélangez l'huile d'olive, le citron et le romarin.

2 Roulez les filets de sole.

3 Déposez les carottes, les petits pois, les fèves, les courgettes et les filets de sole dans un panier vapeur et faites cuire 10 minutes.

4 Disposez les légumes et les soles dans des assiettes et arrosez-les de sauce à l'huile d'olive.

Pensez aux filets de sabre, encore plus faciles à rouler !

Quiche à la ratatouille

Pour **4 personnes**
Préparation : **2 min**
Cuisson : **23 min**

1 rouleau de pâte brisée – 180 g de légumes à ratatouille surgelés décongelés – 3 œufs – 60 g de gruyère râpé – 90 g de crème fraîche épaisse
1 douzaine de feuilles de basilic – ½ piment coupé en fines tranches
sel et poivre

1 Préchauffez le four à 240 °C (th. 8). Étalez la pâte dans un moule à tarte, piquez-la à la fourchette et précuisez-la 8 minutes.

2 Faites sauter les légumes 3 minutes dans une poêle antiadhésive.

3 Fouettez les œufs dans un saladier, puis ajoutez les légumes chauds, le gruyère, la crème, le basilic et le piment. Salez et poivrez à votre goût et mélangez.

4 Versez le tout sur la pâte et enfournez pour 15 minutes. Passez éventuellement sous un gril brûlant en fin de cuisson.

Si vous n'aimez pas son feu, oubliez le piment !

Risotto aux noix de saint-jacques

Pour **4 personnes**
Préparation : **5 min**
Cuisson : **20 min**

20 noix de saint-jacques – 280 g de riz à risotto – 80 cl de bouillon de légumes – ½ oignon haché finement – 20 g de beurre – 2 pincées de filaments de safran – 60 g de parmesan râpé – 4 cuil. à soupe d'amandes effilées – 2 cuil. à soupe de cerfeuil haché grossièrement – sel et poivre

1 Chauffez le bouillon au micro-ondes.

2 Faites revenir l'oignon 2 minutes avec le beurre dans une casserole. Ajoutez le riz et le safran, et mélangez pendant 1 minute.

3 Versez le bouillon, salez et poivrez à votre goût, remuez et faites cuire le tout à couvert 18 minutes en remuant une ou deux fois.

4 Faites griller pendant ce temps les saint-jacques 1 minute de chaque côté sur un gril brûlant.

5 Ajoutez alors le parmesan au risotto, mélangez, couvrez et laissez reposer 1 minute avant de servir.

6 Déposez les noix de saint-jacques sur un lit de risotto et parsemez d'amandes effilées et de cerfeuil.

N'oubliez pas qu'un risotto ne se réchauffe pas !

Tartines comme une pizza d'été

Pour **4 personnes**
Préparation : **5 min**
Cuisson : **13 min**

1 baguette coupée en deux, puis tranchée en deux dans le sens de la longueur
12 mini-poivrons coupés en deux – 16 tomates cerises coupées en quatre
1 petit bouquet de basilic – 2 boules de mozzarella coupées en tranches fines
8 cuil. à soupe de tomates concassées – huile d'olive

1 Préchauffez le four à 180 °C (th. 6).

2 Faites griller les poivrons sur un gril brûlant 3 minutes de chaque côté. Réservez-les en les couvrant d'une feuille d'aluminium.

3 Versez un petit filet d'huile sur les 4 tartines. Étalez les tomates concassées, puis déposez les tranches de mozzarella. Enfournez-les pour 10 minutes. Passez-les éventuellement sous un gril brûlant pendant 3 minutes.

4 Répartissez par-dessus les poivrons grillés, les tomates cerises, les feuilles de basilic, et de nouveau quelques gouttes d'huile d'olive.

Si vous ne trouvez pas
des mini-poivrons,
coupez des poivrons
en tranches !

Tartines façon mimosa

Pour **4 personnes**
Préparation : **10 min**

4 belles tranches de pain de campagne toastées – 4 tiges de persil grossièrement hachées – 1 tige d'estragon effeuillée grossièrement hachée
1 oignon nouveau grossièrement haché – 4 cornichons grossièrement hachés
4 œufs durs coupés en morceaux – 2 cuil. à soupe de mayonnaise
2 cuil. à soupe de moutarde – 1 petite poignée de feuilles de mâche
sel et poivre

1 Mixez ensemble assez finement le persil, l'estragon, l'oignon et les cornichons. Ajoutez les œufs et mixez de nouveau rapidement. Ajoutez la mayonnaise et la moutarde, salez et poivrez à votre goût et mélangez une dernière fois.

2 Disposez sur les tartines les feuilles de mâche, puis le mélange aux œufs.

Si vous souhaitez relever le goût des tartines, ajoutez quelques gouttes de Tabasco® !

Tartines comme une pizza artichaut et noisettes

Pour **4 personnes**
Préparation : **5 min**
Cuisson : **13 min**

1 baguette coupée en deux, puis tranchée en deux dans le sens de la longueur
8 cuil. à soupe de tomates concassées – 2 boules de mozzarella coupées en tranches fines – 20 cœurs d'artichauts au naturel coupés en quatre
2 cuil. à soupe de noisettes hachées – huile de noisette

1 Préchauffez le four à 200 °C (th. 6-7).

2 Étalez les tomates concassées sur les tartines, puis déposez les tranches de mozzarella. Enfournez pour 10 minutes.

3 Répartissez par-dessus les quarts de cœurs d'artichauts et les noisettes hachées, puis passez-les 3 minutes sous un gril brûlant.

4 Avant de servir, versez quelques gouttes d'huile de noisette.

Vous pouvez remplacer la baguette par du pain de campagne !

Tartines au roquefort, avocat et poire

Pour **4 personnes**
Préparation : **5 min**
Cuisson : **5 min**

4 belles tranches de pain de campagne – 120 g de roquefort en tranches fines
1 poire évidée et coupée en tranches très fines – 2 petits avocats coupés en tranches très fines – 30 g de noix de pécan concassées – 2 cuil. à café de sirop d'érable

1 Préchauffez le four à 180 °C (th. 6).

2 Étalez le roquefort sur les tranches de pain et enfournez les tartines pour 3 minutes. Passez-les ensuite 2 minutes sous le gril.

3 Répartissez les tranches de poire et d'avocats en les alternant. Ajoutez les noix de pécan et arrosez de sirop d'érable.

Vous pouvez remplacer le roquefort par un autre fromage bleu.

Œuf cocotte au jambon

Pour **4 personnes**
Préparation : **5 min**
Cuisson : **15 min**

4 petits œufs – 120 g de Vache qui rit® grossièrement coupée
80 g de jambon en cubes – pain grillé coupé en fines tranches
4 cuil. à soupe de crème fraîche – 4 brins de ciboulette finement ciselés
sel et poivre

1 Préchauffez le four à 220 °C (th. 7-8).

2 Mélangez la Vache qui rit®, le jambon et la crème fraîche dans un saladier. Salez et poivrez à votre goût.

3 Répartissez le mélange dans 4 ramequins. Faites un petit creux avec le dos d'une cuillère et déposez l'œuf.

4 Déposez les ramequins dans un plat rempli d'eau bouillante à mi-hauteur et enfournez pour 15 minutes environ.

5 Parsemez de ciboulette avant de servir et dégustez avec les tranches de pain grillées.

Parfumez l'œuf cocotte avec une jolie pointe de curry !

Œuf cocotte aux deux saumons

Pour **4 personnes**
Préparation : **5 min**
Cuisson : **15 min**

4 petits œufs – 120 g de feta en cubes – 120 g de saumon fumé en cubes
4 cuil. à soupe de crème fraîche – 4 cuil. à café d'œufs de saumon
pain grillé coupé en fines tranches – 1 cuil. à café de zeste de citron râpé finement – sel et poivre

1 Préchauffez le four à 220 °C (th. 7-8). Mélangez la feta, le saumon et la crème fraîche, puis salez et poivrez à votre goût.

2 Répartissez le mélange dans 4 ramequins. Faites un petit creux avec le dos d'une cuillère dans le contenu de chaque ramequin et cassez-y l'œuf.

3 Déposez les ramequins dans un plat rempli d'eau bouillante à mi-hauteur et enfournez pour 15 minutes environ.

4 Avant de servir, ajoutez les œufs de saumon et le zeste de citron, et dégustez avec les tranches de pain grillées.

Terminez avec quelques pincées de baies roses !

Pain à partager à l'italienne

Pour **4 personnes**
Préparation : **5 min**
Cuisson : **15 min**

1 boule de pain de campagne – 150 g de St Môret® – 150 g de fromage à raclette râpé – 30 g de tomates séchées – 18 olives noires
15 feuilles de basilic

1 Préchauffez le four à 180 °C (th. 6). Entaillez la boule de pain dans un sens tous les 2 cm environ sans couper de tranches, puis tournez la boule d'un quart de tour et recommencez dans l'autre sens.

2 Mixez les olives, les tomates séchées et le basilic. Ajoutez le St Môret® et le fromage râpé. Mélangez le tout et étalez dans le pain à l'aide d'un couteau plat.

3 Enfournez pour 15 minutes environ.

Si vous voulez un pain
plus parfumé, ajoutez au mélange
quelques pincées de paprika.

Tartinade de fromage frais au vert

Pour **4 personnes**
Préparation : **5 min**

250 g de fromage frais – 4 tranches de pain de campagne toastées
30 g de fenouil émincé finement – 1 oignon nouveau émincé finement
1 tige d'aneth émincée finement – 20 petites feuilles de menthe
1 cuil. à soupe d'huile d'olive – sel et poivre

1 Mélangez dans un saladier le fromage frais avec l'huile, puis salez et poivrez à votre goût. Ajoutez l'oignon, les herbes et remuez.

2 Étalez sur les tranches de pain grillé.

Pour varier les fromages frais, pensez à la faisselle !

Croque-monsieur campagnard

Pour **4 personnes**
Préparation : **5 min**
Cuisson : **13 min**

8 tranches de pain de campagne – 16 tranches très fines de jambon cru
8 cuil. à soupe de béchamel – 8 cuil. à soupe de cantal râpé – 8 cornichons coupés en rondelles – 2 tiges d'estragon effeuillées – 1 bol de pousses de salades mélangées – sel et poivre

1 Préchauffez le four à 180 °C (th. 6). Mélangez la béchamel et le cantal râpé. Salez et poivrez à votre goût. Étalez la préparation sur toutes les tranches de pain.

2 Posez le jambon en le chiffonnant sur 4 des tranches de pain ; ajoutez les rondelles de cornichons et l'estragon. Déposez par-dessus les tranches de pain restantes et recouvrez le tout de béchamel au fromage.

3 Enfournez pour 8 minutes, puis passez sous le gril 5 minutes environ.

4 Servez chaque croque-monsieur avec les salades.

Vous pouvez remplacer le jambon par de la viande des Grisons.

Croque-monsieur à l'italienne

Pour **4 personnes**
Préparation : **5 min**
Cuisson : **13 min**

8 tranches de pain de mie – 24 tranches de coppa – 30 g de tomates séchées
4 tiges de basilic effeuillées – 30 g de parmesan râpé – 250 g de mozzarella
1 bol de pousses de salades

1 Préchauffez le four à 180 °C (th. 6). Coupez la mozzarella en morceaux et séchez-les bien avec du papier absorbant.

2 Mixez séparément les tomates séchées avec le basilic et le parmesan d'une part, la mozzarella d'autre part, puis mélangez rapidement le tout à la cuillère. Étalez la préparation sur toutes les tranches de pain.

3 Roulez les tranches de coppa et répartissez-les sur 4 tranches de pain. Couvrez des tranches de pain restantes en laissant le mélange au fromage sur le dessus.

4 Enfournez pour 8 minutes, puis passez sous le gril 5 minutes environ.

5 Servez les croque-monsieur accompagnés de pousses de salades.

À essayer aussi avec
de belles tranches de ciabatta !

Salade César

Pour **4 personnes**
Préparation : **10 min**
Cuisson : **10 min**

2 blancs de poulet – 3 tranches de brioche – 1 cœur de feuille de chêne rouge
1 cœur de salade sucrine – ½ pomme coupée en fines tranches
10 g de beurre – 4 cuil. à soupe de copeaux de parmesan – 1 cuil. à soupe d'huile d'olive – quelques feuilles d'aneth
Pour la sauce : 2 cuil. à soupe d'huile d'olive – 4 cuil. à soupe de crème liquide – 1 cuil. à soupe de vinaigre de cidre – 1 cuil. à soupe de Savora®
sel et poivre

1 Chauffez le beurre et l'huile dans une poêle et faites-y cuire les blancs de poulet à couvert 10 minutes environ à feu moyen, en les retournant régulièrement.

2 Préparez la vinaigrette en mélangeant l'huile, la crème, le vinaigre et la Savora®. Salez et poivrez à votre goût.

3 Faites dorer les tranches de brioche au grille-pain, puis coupez-les en petits cubes. Coupez les blancs de poulet en fines tranches.

4 Disposez dans les assiettes les feuilles de salade, les tranches de poulet, les cubes de brioche et tranches de pomme. Assaisonnez et parsemez les copeaux de parmesan et les pluches d'aneth.

Vous pouvez remplacer la brioche par des croûtons de pain.

Salade de quinoa aux pommes croquantes

Pour **4 personnes**
Préparation : **8 min**
Cuisson : **10 min**

150 g de mélange de quinoa au blé – 30 g de noisettes décortiquées et hachées – ½ pomme rouge coupée en tout petits cubes – ½ pomme verte coupée en tout petits cubes – 2 cuil. à soupe de sirop d'érable – 2 cuil. à soupe d'huile d'olive – le jus de ½ citron vert et son zeste finement râpé 1 dizaine de feuilles de menthe – sel et poivre

1 Faites cuire le quinoa selon les indications figurant sur le paquet.

2 Versez, une fois qu'il est cuit, le contenu de la casserole dans une passoire fine, passez sous l'eau froide et laissez égoutter.

3 Mettez une poêle sur un feu assez vif et versez-y le sirop d'érable. Dès qu'il commence à faire des bulles, ajoutez les noisettes, remuez-les pendant 1 minute pour bien les enrober. Ajoutez les pommes et mélangez rapidement. Versez le contenu de la poêle dans une assiette et laissez refroidir.

4 Mélangez les pommes, les noisettes et le quinoa, assaisonnez avec l'huile, le jus et le zeste de citron, salez et poivrez à votre goût et mélangez encore.

5 Servez la salade parsemée de feuilles de menthe.

N'hésitez pas
à remplacer le quinoa
par du boulgour !

Salade acidulée au saumon et au cresson

Pour **4 personnes**
Préparation : **12 min**

2 pomelos – 1 botte de cresson – 200 g de pavé de saumon fumé coupé en cubes – 1 avocat coupé en petites tranches – ½ grenade égrenée
Pour la sauce : 2 cuil. à soupe d'huile d'olive – 2 cuil. à soupe du jus des pomelos – sel et poivre

1 Épluchez les pomelos et prélevez les suprêmes : retirez donc toutes les peaux, y compris celles qui entourent chaque quartier. Pressez alors les cœurs pour en récupérer le jus.

2 Fouettez ensemble tous les ingrédients de la sauce.

3 Déposez les feuilles de cresson au fond des assiettes.

4 Mélangez ensemble délicatement dans un saladier les suprêmes de pomelos, les cubes de saumon fumé, les grains de grenade et les tranches d'avocat avec la sauce.

5 Répartissez ce mélange sur les lits de cresson.

Vous pouvez varier les agrumes ! Pensez aux oranges et aux oranges sanguines.

Salade de rattes maritime

Pour **4 personnes**
Préparation : **5 min**
Cuisson : **15 min**

600 g de petites rattes du Touquet – ½ l de coques – 1 petit bouquet de pourpier
<u>Pour la sauce</u> : 4 cuil. à soupe de fromage blanc lisse – 1 cuil. à soupe de vinaigre de cidre – 1 petit oignon nouveau haché finement – sel et poivre

1 Fouettez ensemble tous les ingrédients de la sauce dans un saladier.

2 Faites cuire les rattes dans une grande quantité d'eau salée bouillante pendant 15 minutes environ. Ajoutez les coques dans l'eau pendant les 2 dernières minutes de cuisson. Égouttez le tout.

3 Coupez les rattes en tranches, versez-les dans le saladier avec la sauce et mélangez.

4 Déposez dans les assiettes les feuilles de pourpier, versez par-dessus les rattes en sauce et ajoutez les coques.

Vous pouvez varier les coquillages !
Pensez aux palourdes.

Salade à la parisienne

Pour **4 personnes**
Préparation : **5 min**
Cuisson : **3 min**

2 belles tranches de brioche coupées en cubes – 2 bouquets de feuilles de pissenlit – 12 œufs durs de caille coupés en deux – 120 g d'emmental coupé en cubes – 120 g de jambon coupé en cubes – 8 cornichons coupés en rondelles
Pour la sauce : 3 cuil. à soupe de moutarde à l'ancienne – 6 cuil. à soupe de crème liquide allégée – sel et poivre

1 Préchauffez le four à 200 °C (th. 6-7). Fouettez ensemble tous les ingrédients de la sauce.

2 Dorez les cubes de brioche au four pendant 3 minutes.

3 Ôtez les pieds des pissenlits et disposez les feuilles au fond de l'assiette, puis déposez par-dessus tous les autres ingrédients de la salade. Arrosez de sauce juste au moment de servir.

Pour éviter d'allumer le four, passez la brioche au grille-pain.

Salade de maquereaux aux rattes

Pour **4 personnes**
Préparation : **5 min**
Cuisson : **15 min**

600 g de rattes du Touquet – 4 filets de maquereaux fumés émincés en lanières – 6 petits radis ronds coupés en deux – ½ pomme verte coupée en petits morceaux – sel
Pour la sauce : 1 yaourt à la grecque – 1 cuil. à café de moutarde à l'ancienne – 1 cuil. à café d'huile de noisette

1 Faites cuire les rattes 15 minutes dans une grande quantité d'eau bouillante salée.

2 Mélangez le yaourt, la moutarde et l'huile dans un bol.

3 Laissez refroidir les rattes, puis coupez-les en rondelles.

4 Mélangez ensemble les morceaux de pomme, de radis et de rattes. Déposez des lanières de maquereaux sur chaque salade et arrosez de sauce.

Donnez du piquant à la salade en ajoutant un peu de moutarde forte !

Salade niçoise

Pour **4 personnes**
Préparation : **10 min**
Cuisson : **5 min**

60 g de haricots verts coupés en tronçons – 60 g de pois gourmands coupés en tronçons – 120 g de thon à l'huile – 12 anchois – 12 radis coupés en deux 4 œufs durs coupés en quatre – 2 bols de mesclun – 20 g de petites olives noires à l'huile
Pour la vinaigrette : 3 cuil. à soupe d'huile d'olive – 1 cuil. à soupe de vinaigre de cidre – sel et poivre

1 Plongez les haricots verts dans une casserole d'eau bouillante salée ; au bout de 2 minutes ajoutez les pois gourmands, et laissez cuire encore 3 minutes. Plongez alors les légumes dans un saladier d'eau glacée, puis égouttez-les bien.

2 Préparez la vinaigrette : fouettez ensemble l'huile et le vinaigre, salez et poivrez à votre goût.

3 Préparez la salade en mélangeant le mesclun, les haricots, les pois gourmands, les anchois, les radis et les olives, et arrosez de vinaigrette.

4 Répartissez dans les assiettes et déposez par-dessus les morceaux d'œufs durs et le thon égoutté et émietté.

Pour une vinaigrette plus parfumée,
vous pouvez utiliser l'huile du thon.

Salade de tomates au pain

Pour **4 personnes**
Préparation : **5 min**
Cuisson : **3 min**

1 douzaine de tranches de baguette de 1 cm d'épaisseur environ – 500 g de belles tomates mélangées coupées en deux ou quatre selon leur taille 120 g de feta émiettée – 4 tiges de basilic effeuillées – 2 cuil. à soupe d'olives à l'huile – huile d'olive – vinaigre balsamique – sel et poivre

1 Passez les tranches de pain au grille-pain, puis coupez-les en deux ou en quatre.

2 Mélangez dans un plat le pain, les morceaux de tomates, la feta, le basilic et les olives.

3 Arrosez d'un filet d'huile d'olive, d'un trait de vinaigre balsamique, salez, poivrez et mélangez le tout. Dégustez aussitôt.

Vous pouvez utiliser l'huile des olives pour assaisonner la salade !

Salade de riz multicolore

Pour **4 personnes**
Préparation : **4 min**
Cuisson : **12 min**

200 g de riz blanc – ½ poivron vert coupé en cubes – ½ poivron rouge coupé en cubes – ½ poivron jaune coupé en cubes – 100 g de haricots rouges au naturel – 50 g de maïs en grains – 4 tiges de coriandre hachées finement 1 tige d'origan frais effeuillé hachée finement – 2 oranges coupées en suprêmes – 4 cuil. à soupe d'huile d'olive – 2 cuil. à soupe de jus de citron vert – sel et poivre

1 Faites cuire le riz selon les indications figurant sur l'emballage. Ajoutez les poivrons 3 minutes avant la fin de la cuisson. Égouttez, passez sous l'eau froide et égouttez bien de nouveau.

2 Versez le tout dans un saladier. Ajoutez ensuite les haricots rouges, le maïs, la coriandre, l'origan, les oranges, salez et poivrez à votre goût. Mélangez bien.

3 Mélangez l'huile d'olive et le jus de citron, versez sur la salade et remuez de nouveau.

Si vous n'ajoutez pas
les oranges, le riz se conservera
un jour ou deux.

Salade au pamplemousse et à l'avocat

Pour **4 personnes**
Préparation : **5 min**

2 avocats coupés en demi-tranches – 2 pamplemousses coupés en suprêmes
2 bols de mesclun – 50 g de noix de macadamia grossièrement hachées
1 cuil. à soupe d'huile d'olive – 1 cuil. à café d'huile de noix
1 cuil. à café de vinaigre de cidre – sel et poivre

1 Mélangez les huiles et le vinaigre dans un bol, salez et poivrez à votre goût.

2 Mélangez les avocats, les pamplemousses et le mesclun dans un saladier.

3 Servez dans des assiettes, ajoutez la sauce et parsemez des noix de macadamia.

Rendez la salade encore plus « agrumes » en ajoutant des suprêmes d'orange.

Curry de dinde aux pâtes aux artichauts

Pour **4 personnes**
Préparation : **5 min**
Cuisson : **12 min**

360 g de pâtes pappardelles complètes – 400 g de blanc de dinde coupé en cubes – 20 g de beurre – 1 cuil. à café de curry en poudre – 20 cl de lait de coco – 8 cœurs d'artichauts au naturel coupés en deux – quelques feuilles de coriandre – sel et poivre

1 Faites cuire les pâtes selon les indications figurant sur l'emballage.

2 Faites dorer pendant ce temps les cubes de dinde dans une poêle avec le beurre. Ajoutez le curry en poudre, mélangez, ajoutez le lait de coco, salez et poivrez à votre goût et mélangez bien. Poursuivez la cuisson 4 minutes à feu moyen et à couvert en remuant de temps en temps.

3 Ajoutez alors les cœurs d'artichauts et laissez cuire encore 2 minutes. Versez les pâtes, remuez une dernière fois.

4 Servez les pâtes après les avoir parsemées de feuilles de coriandre.

Si vous aimez les plats bien épicés, n'hésitez pas à doubler la quantité de curry !

Ratatouille au fromage de chèvre

Pour **4 personnes**
Préparation : **6 min**
Cuisson : **12 min**

150 g d'aubergine coupée en cubes – 300 g de courgettes coupées en cubes
400 g de tomates concassées – 50 g de fromage de chèvre en copeaux
1 oignon rouge haché grossièrement – 1 poivron rouge coupé en cubes
1 gousse d'ail écrasée au presse-ail – 6 feuilles de basilic hachées grossièrement – 20 cl de bouillon de légumes – 1 branche de thym effeuillée
2 cuil. à soupe d'huile d'olive

1 Faites revenir l'oignon, le thym et le poivron avec l'huile à feu vif 2 minutes. Ajoutez l'aubergine, les courgettes, l'ail et le basilic. Remuez et poursuivez la cuisson 2 minutes.

2 Ajoutez le bouillon et prolongez la cuisson 5 minutes à couvert, puis ajoutez les tomates concassées et laissez cuire encore 3 minutes à découvert.

3 Servez dans des assiettes et parsemez de fromage de chèvre.

Vous pouvez remplacer
le fromage de chèvre
par du parmesan.

Poulet aux poivrons

Pour **4 personnes**
Préparation : **5 min**
Cuisson : **13 min**

4 blancs de poulet – 3 poivrons (1 rouge, 1 vert, 1 jaune) coupés en cubes
6 mini-poivrons coupés en deux – 1 oignon rouge coupé en cubes
3 gousses d'ail coupées en deux – 4 tiges de thym effeuillées – 2 feuilles de laurier – 15 cl de bouillon de volaille – 2 cuil. à soupe d'huile d'olive
½ cuil. à café de paprika – sel et poivre

1 Faites dorer le poulet avec l'huile dans une sauteuse à feu vif, 1 minute de chaque côté.

2 Retirez le poulet de la sauteuse et mettez-y les les poivrons, l'oignon, l'ail, le thym, le laurier, et faites revenir pendant 2 minutes.

3 Ajoutez le bouillon et le paprika. Remuez et déposez le poulet au milieu des légumes. Salez et poivrez et faites cuire 6 minutes à couvert en retournant la viande à mi-cuisson.

4 Découvrez et prolongez la cuisson pendant 3 minutes.

Donnez une touche basque à votre plat en ajoutant du piment d'Espelette !

Champignons comme une pizza

Pour **4 personnes**
Préparation : **5 min**
Cuisson : **15 min**

6 très gros champignons de Paris – 1 dizaine de tranches de pancetta très fines – 1 boule de mozzarella – 2 cuil. à soupe de concentré de tomates
2 oignons nouveaux finement émincés – 2 morceaux de tomates séchées grossièrement hachées – 3 cuil. à café de parmesan râpé – 10 tomates cerises
1 vingtaine de feuilles d'origan fraîches – huile d'olive – poivre

1 Préchauffez le four à 210 °C (th. 7). Coupez la mozzarella en tranches, puis pressez-les entre plusieurs épaisseurs de papier absorbant ; n'hésitez pas à recommencer l'opération pour que le plat ne soit pas détrempé.

2 Retirez les pieds des champignons. Déchirez grossièrement les tranches de pancetta et de mozzarella.

3 Commencez à garnir les champignons avec le concentré de tomates, puis les oignons nouveaux, les tomates séchées, le parmesan et la mozzarella ; poivrez à votre goût. Ajoutez la pancetta, et enfin les tomates cerises et les feuilles d'origan. Arrosez d'un trait d'huile d'olive.

4 Enfournez les champignons farcis pour 15 minutes environ. À la sortie du four, faites délicatement couler l'eau rendue par les champignons si nécessaire, et servez aussitôt.

Vous pouvez aussi réaliser
cette recette en remplaçant
les champignons par
des demi-poivrons !

Hamburger très tomate

Pour **4 personnes**
Préparation : **6 min**
Cuisson : **12 min**

4 buns (pains à hamburgers) – 4 steaks hachés de 120 g chacun
400 g de tomates concassées – 8 tranches d'emmental – 60 g de fenouil coupé grossièrement – 1 cœur de scarole effeuillé – 1 tomate coupée en tranches fines – 1 carotte coupée grossièrement – 1 échalote coupée grossièrement – 1 tige d'origan effeuillée – 1 cuil. à soupe d'huile
1 cuil. à café de sucre en poudre – sel et poivre

1 Mixez la carotte, l'échalote, le fenouil et l'origan.

2 Faites revenir le tout avec l'huile dans une sauteuse à feu vif pendant 3 minutes en remuant régulièrement. Ajoutez les tomates concassées, le sucre, salez et poivrez à votre goût, puis laissez cuire 9 minutes en remuant de temps en temps.

3 Faites griller les steaks pendant ce temps sur un gril brûlant 2 ou 3 minutes de chaque côté. Faites toaster les buns.

4 Étalez la sauce tomate sur 4 demi-pains. Déposez les feuilles de scarole, les steaks, les tranches d'emmental et de tomate, puis refermez les burgers.

Encore plus « tomate » :
arrosez la viande de ketchup !

Taboulé vert

Pour **4 personnes**
Préparation : **10 min**
Cuisson : **3 min**

250 g de semoule – 180 g de concombre – 2 oignons nouveaux coupés en fines rondelles – 90 g de pomme verte – 90 g de fenouil émincé finement
2 cuil. à soupe de jus de citron vert – 4 cuil. à soupe d'huile d'olive
1 petit bouquet de feuilles de menthe

1 Faites cuire la semoule selon les indications figurant sur l'emballage.

2 Émincez la pomme et arrosez-la de jus de citron vert.

3 Mélangez dans un saladier la semoule, le concombre, le fenouil, la pomme, l'huile, les oignons nouveaux et la menthe.

Préparez le taboulé avec du boulgour à la place de la semoule.

Clafoutis aux tomates cerises

Pour **4 personnes**
Préparation : **3 min**
Cuisson : **22 min**

2 œufs – 30 tomates cerises – 12 cl de crème liquide – 100 g de fromage râpé – 1 cuil. à soupe de farine + un peu pour le moule – 1 cuil. à soupe d'huile d'olive + un peu pour le moule – 1 cuil. à café de thym frais
sel et poivre

1 Préchauffez le four à 210 °C (th. 7). Mixez ensemble finement tous les ingrédients sauf les tomates cerises.

2 Versez la pâte dans un moule à tarte de 18 cm huilé et fariné. Ajoutez les tomates cerises sur la pâte et enfournez pour 22 minutes.

Si vous voulez un clafoutis encore plus « tomate », ajoutez un quartier de tomate séchée avant de mixer.

Crumble aux légumes du soleil

Pour **4 personnes**
Préparation : **3 min**
Cuisson : **17 min**

300 g de courgettes coupées en cubes – 400 g de tomates concassées
150 g de fenouil émincé finement – 1 oignon haché grossièrement
1 piment doux rouge coupé en cubes – 1 piment doux vert coupé en cubes
1 gousse d'ail écrasée au presse-ail – 6 feuilles de basilic hachées grossièrement – 10 cl de bouillon de légumes – 2 cuil. à soupe d'huile d'olive
1 petite branche de romarin effeuillée
Pour le crumble : 20 g de Tuc® émiettés – 60 g de farine – 30 g de beurre
15 g de pignons de pin grossièrement hachés – 1 cuil. à soupe de thym frais

1 Préchauffez le four à 210 °C (th. 7). Faites revenir dans une sauteuse l'oignon et les piments avec l'huile à feu vif pendant 2 minutes. Ajoutez le fenouil, les courgettes, l'ail, le romarin et le basilic. Remuez et poursuivez la cuisson 2 minutes.

2 Ajoutez le bouillon et prolongez la cuisson 5 minutes à couvert, puis ajoutez les tomates concassées et laissez cuire encore 1 minute à découvert.

3 Versez le contenu de la sauteuse dans un plat allant au four.

4 Préparez le crumble en mélangeant du bout des doigts la farine, le beurre, les Tuc® émiettés, les pignons et le thym, jusqu'à obtenir une texture sableuse.

5 Parsemez les légumes de ce crumble et enfournez pour 5 minutes, puis passez 2 minutes sous un gril brûlant.

Pour une recette plus rapide, remplacez le crumble par des Tuc®, du thym et des pignons, sans passer par le four.

Pizza orientale

Pour **4 personnes**
Préparation : **2 min**
Cuisson : **18 min**

250 g de pâte à pain ou de pâte à pizza – 2 merguez coupées en petits morceaux – 2 piments doux rouges coupés en deux – 1 piment doux vert épépiné et coupé en rondelles – 2 œufs – 1 boule de mozzarella – 2 cuil. à soupe de concentré de tomates – 2 cuil. à soupe de tomates concassées 3 cuil. à soupe de parmesan râpé – 3 tiges d'origan effeuillées

1 Préchauffez le four à 220 °C (th. 7-8).

2 Coupez la mozzarella en tranches ; pressez-les entre plusieurs épaisseurs de papier absorbant. N'hésitez pas à recommencer l'opération pour que la pizza ne soit pas détrempée.

3 Déposez la pâte étalée sur une plaque couverte de papier cuisson. Étalez le concentré de tomates et les tomates concassées, puis le parmesan. Répartissez la mozzarella, les morceaux de merguez et de piments.

4 Enfournez pour 10 minutes. Ajoutez alors les œufs entiers sur la pizza et poursuivez la cuisson 6 à 8 minutes supplémentaires.

5 Terminez en ajoutant les feuilles d'origan.

N'hésitez pas à proposer de la harissa avec la pizza !

Pizza coppa très poivrons

Pour **4 personnes**
Préparation : **5 min**
Cuisson : **12 min**

250 g de pâte à pain ou de pâte à pizza – 1 boule de mozzarella
8 tranches de coppa grossièrement déchirées – 4 mini-poivrons coupés en deux et épépinés – 2 ½ poivrons de couleurs différentes épépinés et coupés en tranches fines – 3 cuil. à soupe de concentré de tomates
3 cuil. à soupe de parmesan râpé – 2 cuil. à soupe d'olives dénoyautées
2 tiges de basilic effeuillées – 1 cuil. à café d'huile à pizza

1 Préchauffez le four à 220 °C (th. 7-8).

2 Coupez la mozzarella en tranches, puis pressez-les entre plusieurs épaisseurs de papier absorbant. N'hésitez pas à recommencer l'opération pour que la pizza ne soit pas détrempée.

3 Déposez la pâte étalée sur une plaque couverte de papier cuisson. Étalez le concentré de tomates, puis le parmesan, répartissez la mozzarella, la coppa, les poivrons et les olives. Enfournez pour 12 minutes environ.

4 Au moment de servir, parsemez la pizza de feuilles de basilic et d'huile à pizza.

Coppa, pancetta
ou jambon cru :
n'hésitez pas à
varier les plaisirs !

Pizza verte

Pour **4 personnes**
Préparation : **5 min**
Cuisson : **20 min**

250 g de pâte à pain ou de pâte à pizza – 90 g de fromage de chèvre émietté
45 g de haricots verts coupés en tronçons – 30 g de pois gourmands coupés en tronçons – 6 cœurs d'artichauts au naturel coupés en deux
2 cuil. à soupe de pesto – 2 cuil. à soupe de parmesan râpé – 2 tiges de basilic effeuillées – 1 cuil. à café d'huile d'olive – sel

1 Faites cuire les haricots verts dans une casserole d'eau salée. Au bout de 4 minutes, ajoutez les pois gourmands et poursuivez la cuisson 4 minutes. Égouttez les 2 légumes.

2 Préchauffez le four à 220 °C (th. 7-8). Coupez les cœurs d'artichauts en deux et pressez-les entre plusieurs épaisseurs de papier absorbant. N'hésitez pas à recommencer l'opération pour que la pizza ne soit pas détrempée.

3 Déposez la pâte étalée sur une plaque couverte d'une feuille de papier cuisson. Garnissez-la de pesto, puis de parmesan ; répartissez le fromage de chèvre, les haricots, les pois gourmands et les cœurs d'artichauts.

4 Enfournez pour 12 minutes environ. Au moment de servir, parsemez la pizza de feuilles de basilic et arrosez le tout d'huile d'olive.

Commandez la pâte à pain chez votre boulanger !

Frittata à la ratatouille

Pour **4 personnes**
Préparation : **3 min**
Cuisson : **17 min**

8 œufs – 250 g de légumes à ratatouille décongelés – 3 tiges de basilic effeuillées – 20 g de parmesan râpé – 10 g de beurre – 1 cuil. à soupe d'huile d'olive – sel et poivre

1 Préchauffez le four à 220 °C (th. 7-8). Faites revenir les légumes avec le basilic dans l'huile pendant 2 minutes.

2 Battez les œufs et le parmesan dans un saladier ; ajoutez le mélange de légumes, salez et poivrez à votre goût et mélangez.

3 Chauffez le beurre dans une poêle antiadhésive pouvant aller au four. Versez les œufs aux légumes et laissez cuire 3 minutes à feu moyen. Enfournez ensuite pour 12 minutes.

4 En fin de cuisson, passez éventuellement 2 minutes sous un gril brûlant.

Pour parfumer encore plus la frittata, pensez aux herbes de Provence !

Soupe à l'oignon et tartine au mont-d'or

Pour **4 personnes**
Préparation : **5 min**
Cuisson : **15 min**

3 oignons émincés – 1 gousse d'ail émincée – 1 cuil. à soupe d'huile d'olive
10 g de beurre – 90 cl de bouillon de légumes – 2 feuilles de laurier
1 branche de thym – sel et poivre
Pour les tartines : 4 tranches de pain – 4 tranches de mont-d'or
(de 30 g chacune)

1 Faites revenir les oignons et l'ail avec l'huile et le beurre 3 minutes dans une casserole à feu assez vif en remuant régulièrement. Versez par-dessus le bouillon chaud, le laurier et le thym, salez et poivrez à votre goût et laissez cuire à petits bouillons pendant 12 minutes.

2 Préparez les tartines pendant ce temps. Posez le fromage sur le pain et passez-les sous un gril brûlant 3 minutes.

3 Répartissez la soupe dans les bols et posez une tartine par-dessus.

Juste avant de déguster, vous pouvez arroser la soupe d'un trait d'arôme Maggi®.

Soupe parmentière aux chips de Morteau

Pour **4 personnes**
Préparation : **5 min**
Cuisson : **15 min**

500 g de pommes de terre coupées en gros cubes – 1 saucisse de Morteau
1 blanc de poireau émincé très finement – 60 cl de bouillon de légumes
10 cl de crème liquide – sel et poivre

1 Mixez rapidement les pommes de terre et le poireau. Versez dans une casserole, ajoutez le bouillon et laissez cuire 15 minutes. Salez et poivrez à votre goût.

2 Mixez finement. Ajoutez la crème et mélangez. N'hésitez pas à ajouter du bouillon pour obtenir la consistance désirée.

3 Coupez la saucisse en tranches fines et passez-les 3 minutes sous un gril brûlant.

4 Répartissez la soupe dans des bols et ajoutez par-dessus les chips de Morteau.

Ajoutez quelques cubes de Morteau
avec les pommes de terre !

Soupe de poisson à l'ail

Pour **4 personnes**
Préparation : **5 min**
Cuisson : **10 min**

1 l de soupe de poisson – 300 g de filet de cabillaud coupé en cubes
4 gousses d'ail pelées et coupées en deux – 2 larges tranches de pain de mie coupées en cubes – quelques feuilles de basilic

1 Faites cuire le cabillaud et l'ail dans la soupe de poisson 10 minutes environ à feu moyen.

2 Passez les cubes de pain de mie sous un gril en les remuant régulièrement jusqu'à ce qu'ils soient dorés.

3 Répartissez la soupe dans des assiettes, déposez par-dessus les croûtons et les feuilles de basilic.

Vous pouvez aussi faire des croûtons avec de la brioche.

Soupe de potiron aux tartines de chèvre

Pour **4 personnes**
Préparation : **5 min**
Cuisson : **13 min**

450 g de potiron coupé en petits cubes – 1 blanc de poireau émincé finement 1 cuil. à soupe d'huile d'olive + un peu pour l'assiette – 90 cl de bouillon de légumes – 1 cuil. à soupe de graines de courge – 4 belles tranches de pain grillé – 1 petit fromage de chèvre frais – sel et poivre

1 Faites revenir le poireau et le potiron avec l'huile d'olive dans une casserole 3 minutes à feu moyen.

2 Ajoutez le bouillon de légumes et laissez cuire 10 minutes à feu assez vif. Mixez le tout finement, salez et poivrez à votre goût. N'hésitez pas à ajouter du bouillon pour obtenir la consistance désirée.

3 Étalez le fromage sur le pain grillé.

4 Répartissez la soupe dans les assiettes, déposez les tartines, parsemez le tout de graines de courge et versez quelques gouttes d'huile d'olive.

Vous pouvez remplacer le potiron par du potimarron !

Velouté de courgette ail et fines herbes

Pour **4 personnes**
Préparation : **5 min**
Cuisson : **15 min**

2 courgettes coupées en cubes – 10 cl de crème liquide entière
120 g de Boursin® – 60 cl de bouillon de légumes – 8 tranches de baguette
1 gousse d'ail écrasée – 1 cuil. à soupe de ciboulette hachée

1 Portez le bouillon de légumes à ébullition et faites-y cuire les courgettes et l'ail 12 minutes à feu vif.

2 Chauffez rapidement la crème et 60 g de Boursin® au micro-ondes. Mélangez.

3 Retirez la soupe du feu, ajoutez la crème au Boursin® et la ciboulette, et mixez finement le tout. N'hésitez pas à ajouter du bouillon pour obtenir la consistance désirée.

4 Répartissez le velouté dans les assiettes. Étalez le Boursin® restant sur les tranches de baguette et passez-les sous un gril brûlant juste pour les dorer. Servez-les avec le velouté.

À la place de la ciboulette,
essayez l'estragon !

Soupe de tomate à la mexicaine

Pour **4 personnes**
Préparation : **5 min**
Cuisson : **13 min**

400 g de tomates concassées – 12 tranches fines de chorizo – 1 petit oignon grossièrement haché – 1 cuil. à café de sucre en poudre – ½ cuil. à café de paprika – ½ avocat coupé en fines tranches – 4 cuil. à soupe de maïs en grains – 1 bol de tortillas (chips de maïs)

1 Mixez le chorizo et l'oignon, puis faites-les revenir 3 minutes dans une casserole à feu moyen.

2 Ajoutez les tomates concassées, le sucre en poudre et le paprika. Mélangez et laissez cuire 10 minutes, puis mixez finement.

3 Répartissez la soupe dans des assiettes et déposez par-dessus les tranches d'avocat et les grains de maïs. Servez accompagné de tortillas.

N'hésitez pas à utiliser du paprika fumé dans cette soupe !

Velouté de brocoli et tartines au bleu

Pour **4 personnes**
Préparation : **5 min**
Cuisson : **14 min**

1 baguette coupée en deux, puis tranchée en deux dans le sens de la longueur
200 g de fourme d'Ambert écroûtée et écrasée à la fourchette – 1 beau bouquet de brocoli détaillé en petits bouquets – 1 petite pomme de terre coupée en cubes – 1 blanc de poireau coupé en tronçons – 60 cl de bouillon de légumes – 10 g de beurre – sel et poivre

1 Prélevez un tout petit bouquet de brocoli, mixez-le très finement en semoule et réservez-le.

2 Mixez tous les légumes assez finement. Faites-les revenir 2 minutes avec le beurre dans une casserole à feu vif, puis ajoutez le bouillon de légumes. Salez et poivrez à votre goût et laissez cuire 12 minutes.

3 Préparez les 4 tartines pendant ce temps : étalez le fromage sur le pain et passez les tartines sous un gril brûlant 3 minutes.

4 Mixez finement le velouté à l'aide d'un robot plongeant et répartissez-le dans 4 bols, parsemez la semoule de brocoli et posez une tartine par-dessus.

Le roquefort
peut parfaitement
remplacer la
fourme d'Ambert !

Soupe très radis

Pour **4 personnes**
Préparation : **3 min**
Cuisson : **15 min**

les fanes d'une botte de radis + quelques fanes et tranches de radis pour décorer – 1 pomme de terre coupée en petits cubes – ½ oignon haché grossièrement – ½ cuil. à soupe d'huile d'olive – 60 cl de bouillon de légumes – sel et poivre

1 Mixez rapidement les fanes de radis, la pomme de terre et l'oignon, puis faites-les revenir avec l'huile pendant 3 minutes dans une casserole à feu vif, en remuant régulièrement.

2 Ajoutez le bouillon et laissez cuire 12 minutes, salez et poivrez à votre goût, puis mixez le tout finement.

3 Terminez en parsemant sur les assiettes quelques fanes et quelques tranches fines de radis.

Attention : pour être vraiment bonnes, les fanes doivent être très fraîches !

Soupe de fenouil au saumon

Pour **4 personnes**
Préparation : **3 min**
Cuisson : **17 min**

400 g de tomates concassées au naturel – 150 g de saumon frais coupé en petits cubes – 150 g de fenouil haché finement – ½ oignon haché finement – 60 cl de bouillon de légumes – 1 tige d'aneth hachée + quelques feuilles pour servir – 1 cuil. à soupe d'huile d'olive

1 Chauffez le bouillon au micro-ondes.

2 Faites revenir le fenouil, l'oignon et l'aneth avec l'huile 1 minute dans une casserole à feu vif. Ajoutez le bouillon et poursuivez la cuisson 10 minutes. Ajoutez les tomates concassées et poursuivez la cuisson 2 minutes. Mixez rapidement au robot plongeant.

3 Ajoutez le saumon et poursuivez la cuisson 4 minutes.

4 Servez en parsemant de quelques feuilles d'aneth.

Encore plus fenouil ?
Ajoutez quelques graines
de fenouil sur les assiettes !

Gaspacho

Pour **4 personnes**
Préparation : **5 min**

750 g de tomates pelées et épépinées – 90 g de concombre pelé coupé en morceaux – 30 g de poivron rouge – 1 oignon coupé en morceaux
½ gousse d'ail – 2 cuil. à soupe d'huile d'olive – 8 feuilles de basilic
4 glaçons – sel et poivre

1 Mixez tous les ingrédients avec 15 cl d'eau.

2 Versez dans des bols et décorez éventuellement avec des petits cubes de concombre, de poivron et des feuilles de basilic (dans ce cas, réservez une petite quantité de ces ingrédients avant de mixer).

Vous pouvez épaissir le gaspacho en ajoutant une tranche de pain de mie écroûté avant de mixer.

Riz au dhal et coco

Pour **4 personnes**
Préparation : **5 min**
Cuisson : **12 min**

180 g de lentilles corail – 10 cl de lait de coco – 180 g de riz
30 cl de bouillon de légumes – 1 cuil. à café de curry
2 cuil. à soupe de pistaches hachées – sel

1 Faites cuire le riz dans une grande quantité d'eau salée le temps indiqué sur l'emballage.

2 Pendant ce temps, faites cuire les lentilles dans le bouillon avec le curry dans une casserole pendant 12 minutes environ. Ajoutez dans la casserole le lait de coco et mélangez.

3 Servez le dhal dans les assiettes, répartissez le riz par-dessus, puis parsemez de pistaches.

Vous pouvez aussi ajouter
des amandes effilées
aux pistaches !

Parmentier de boudin aux pommes

Pour **4 personnes**
Préparation : **5 min**
Cuisson : **13 min**

300 g de boudin noir sans la peau – 500 g de purée surgelée – ½ pomme coupée en morceaux – 1 petit oignon coupé en morceaux – 1 cuil. à soupe de soupe à l'oignon déshydratée – 20 g de beurre – sel et poivre

1 Préchauffez le four à 220 °C (th. 7-8). Décongelez la purée selon les indications figurant sur l'emballage.

2 Mixez assez finement la pomme et l'oignon.

3 Faites revenir dans une sauteuse la pomme et l'oignon mixés avec 10 g de beurre pendant 2 minutes à feu moyen. Ajoutez le boudin noir, la soupe déshydratée et 10 cl d'eau, salez et poivrez à votre goût. Mélangez bien le tout et laissez cuire 3 minutes en remuant régulièrement.

4 Étalez le contenu de la sauteuse au fond d'un plat à gratin, couvrez de purée et répartissez le beurre restant sur le dessus. Enfournez pour 5 minutes, puis passez sous un gril brûlant pendant 3 minutes.

Pour cette recette, évitez les pommes farineuses, préférez-les un peu acides !

Soupe comme un chili

Pour **4 personnes**
Préparation : **5 min**
Cuisson : **15 min**

250 g de haricots rouges au naturel – 100 g de steak haché – ½ poivron vert coupé en petits cubes – ½ poivron rouge coupé en petits cubes – 1 oignon coupé en petits cubes – 30 cl de bouillon de bœuf – 1 cuil. à soupe d'huile neutre – 2 tiges d'origan effeuillées (ou ½ cuil. à café d'origan sec)
½ cuil. à café de paprika – sel et poivre

1 Réservez 4 cuillerées à soupe d'oignon et poivrons mélangés. Dans une sauteuse, faites revenir les poivrons et l'oignon restants avec l'huile pendant 1 minute à feu vif.

2 Ajoutez 15 cl de bouillon et prolongez la cuisson 6 minutes. Ajoutez la viande, l'origan et le paprika, et laissez cuire 3 minutes en remuant régulièrement.

3 Ajoutez les haricots et le reste de bouillon, salez et poivrez à votre goût et laissez mijoter 5 minutes de plus. Mixez rapidement avec un robot plongeant.

4 Servez dans des bols et répartissez par-dessus le mélange frais poivrons-oignon.

Vous pouvez ajouter quelques gouttes de Tabasco® !

Soupe à l'orientale

Pour **4 personnes**
Préparation : **2 min**
Cuisson : **18 min**

250 g de pois chiches au naturel – 120 g de lentilles au naturel
400 g de tomates concassées – 8 tomates cerises coupées en quatre
1 oignon coupé en quatre – 6 tiges de coriandre fraîche – 90 cl de bouillon de légumes – 1 cuil. à café de gingembre frais finement râpé
1 cuil. à soupe d'huile d'olive – ½ cuil. à café de curcuma – 1 cuil. à café de sucre en poudre – sel et poivre

1 Mixez ensemble l'oignon, la coriandre et le gingembre assez finement. Faites revenir 3 minutes ce hachis avec l'huile dans une sauteuse à feu vif, ajoutez le curcuma et remuez.

2 Ajoutez les tomates concassées, le sucre, salez et poivrez à votre goût. Remuez, puis ajoutez le bouillon. Laissez mijoter 6 minutes à feu assez vif. Ajoutez les pois chiches, mélangez et poursuivez la cuisson 6 minutes. Versez enfin les lentilles, remuez et laissez cuire encore 3 minutes.

3 Répartissez dans des bols, déposez les tomates cerises et parsemez de quelques feuilles de coriandre.

Ajoutez un peu de harissa au dernier moment pour relever la soupe !

Blanquette rapide au haddock

Pour **4 personnes**
Préparation : **6 min**
Cuisson : **18 min**

400 g de haddock, sans la peau, coupé en tronçons – 2 carottes coupées en rondelles – 2 panais coupés en rondelles – 2 navets boules d'or coupés en quatre – 1 oignon coupé en quatre – 1 poireau coupé en deux dans le sens de la longueur, puis en tronçons – 1 bouquet garni
Pour la sauce : 25 cl de crème fraîche épaisse – 2 jaunes d'œufs
25 g de beurre – 25 g de farine – le jus de ½ citron – sel et poivre
quelques feuilles de coriandre (facultatif)

1 Faites cuire tous les légumes et le bouquet garni dans une grande casserole d'eau salée bouillante pendant 18 minutes à couvert. Posez le haddock par-dessus les 3 dernières minutes de cuisson.

2 Mélangez pendant ce temps dans un bol la crème et les jaunes d'œufs. Faites fondre le beurre dans une autre grande casserole à feu moyen. Quand il commence à frémir, ajoutez la farine et remuez bien. Prélevez 3 ou 4 louches de bouillon de cuisson des légumes, versez-le avec le beurre et la farine, et mélangez jusqu'à ce que la préparation soit bien lisse. Ajoutez alors le mélange crème-œufs et le citron, et fouettez le tout. Rectifiez l'assaisonnement et ajoutez éventuellement un peu plus de bouillon, selon votre goût.

3 Prélevez le haddock et les légumes de leur bouillon de cuisson et plongez-les dans la sauce.

4 Parsemez éventuellement au moment de servir quelques feuilles de coriandre.

*Si vous n'aimez pas la coriandre,
remplacez-la par du persil !*

Riz au poulet comme à Noël

Pour **4 personnes**
Préparation : **5 min**
Cuisson : **12 min**

150 g de riz – 240 g de marrons au naturel grossièrement hachés – 1 petit oignon coupé en petits cubes – 350 g de blancs de poulet coupés en cubes 20 g de noix grossièrement hachées – 20 g d'amandes grossièrement hachées – 60 g d'abricots secs grossièrement hachés – 20 g de raisins secs 20 g de beurre – 20 cl de bouillon de volaille – ½ cuil. à café de ras el-hanout – 2 bâtons de cannelle – 2 cuil. à soupe de miel – sel et poivre

1 Faites cuire le riz selon les indications figurant sur l'emballage ; 2 minutes avant la fin de la cuisson, ajoutez les marrons.

2 Faites revenir pendant ce temps l'oignon avec le beurre pendant 1 minute dans une sauteuse à feu assez vif. Versez 5 cl de bouillon et laissez cuire 3 minutes jusqu'à ce que le bouillon soit absorbé. Ajoutez le poulet et faites-le revenir 3 minutes.

3 Ajoutez les fruits secs et les épices, salez et poivrez à votre goût et laissez revenir 1 minute.

4 Ajoutez le miel et le bouillon restant, mélangez, laissez revenir 5 minutes environ jusqu'à obtenir un jus sirupeux.

5 Répartissez le riz aux marrons dans les assiettes et disposez par-dessus les morceaux de poulet parfumés.

Variez les fruits secs :
pensez aux dattes, aux figues
et aux noix de pécan !

Pizza breakfast

Pour **4 personnes**
Préparation : **2 min**
Cuisson : **18 min**

250 g de pâte à pain ou de pâte à pizza – 1 boule de mozzarella
90 g de saumon fumé coupé en lanières – 90 g de feta émiettée – 1 oignon nouveau émincé finement – 2 œufs – poivre

1 Coupez la mozzarella en tranches ; pressez-les entre plusieurs épaisseurs de papier absorbant. N'hésitez pas à recommencer l'opération pour que la pizza ne soit pas détrempée.

2 Déposez la pâte étalée sur une plaque couverte de papier cuisson. Garnissez-la avec les tranches de mozzarella, les lanières de saumon et les deux tiers de la feta et de l'oignon.

3 Enfournez pour 10 minutes. Ajoutez alors les œufs entiers sur la pizza et poursuivez la cuisson 6 à 8 minutes supplémentaires.

4 Terminez en ajoutant la feta et l'oignon restant et en poivrant à votre goût.

Pensez à la mozzarella fumée pour donner encore plus de goût à la pizza !

Merguez et œufs à l'orientale

Pour **4 personnes**
Préparation : **4 min**
Cuisson : **16 min**

4 merguez coupées en tronçons – 4 œufs – 400 g de tomates concassées
30 g de poivrons à l'huile égouttés et hachés – 4 tiges de coriandre fraîche hachées – 1 oignon – 4 tiges d'origan frais effeuillées + quelques feuilles pour décorer – 1 cuil. à soupe d'huile d'olive – 1 cuil. à café de harissa
sel et poivre

1 Faites revenir l'oignon et l'origan avec l'huile d'olive dans une sauteuse à feu vif pendant 3 minutes en mélangeant régulièrement. Ajoutez les merguez et laissez cuire 3 minutes supplémentaires, toujours en remuant régulièrement. Videz le gras.

2 Ajoutez les tomates concassées, les poivrons, la coriandre et la harissa, salez et poivrez, et laissez cuire encore 5 minutes en mélangeant régulièrement.

3 Déposez les œufs sur ce mélange et laissez cuire 5 minutes environ à couvert jusqu'à ce que les œufs soient cuits.

4 Terminez en mettant dans les assiettes et en parsemant de quelques feuilles d'origan.

Pour moins
de « piquant »,
supprimez la harissa !

Gratin tartiflette

Pour **4 personnes**
Préparation : **4 min**
Cuisson : **15 min**

500 g de pommes de terre cuites sous vide coupées en tranches
½ reblochon sans la croûte coupé en gros cubes – 100 g de poitrine fumée taillée en allumettes – 15 cl de crème liquide entière – 1 gousse d'ail écrasée au presse-ail – poivre

1 Préchauffez le four à 210 °C (th. 7). Faites revenir la poitrine fumée dans une poêle à feu vif pendant 1 minute. Ajoutez les pommes de terre, l'ail, poivrez à votre goût et mélangez. Coupez tout de suite le feu et couvrez.

2 Mettez le reblochon dans le bol d'un robot et mixez-le rapidement. Ajoutez la crème liquide et mélangez de nouveau.

3 Alternez dans un moule de 15 cm de diamètre environ les couches de pommes de terre, de lardons et de fromage.

4 Enfournez pour 12 minutes, puis passez sous le gril 2 minutes.

Ne salez pas : la poitrine et le fromage s'en chargent.

Frittata à la macédoine et au lard

Pour **4 personnes**
Préparation : **2 min**
Cuisson : **17 min**

8 œufs – 90 g de poitrine fumée taillée en allumettes – 250 g de macédoine de légumes égouttée – 10 g de beurre – 3 ou 4 tiges de thym frais effeuillées sel et poivre

1 Préchauffez le four à 220 °C (th. 7-8). Faites revenir la poitrine fumée dans une poêle antiadhésive pendant 1 minute. Ajoutez les légumes et le thym et poursuivez la cuisson 1 minute.

2 Battez les œufs dans un saladier, ajoutez-leur le mélange de légumes aux lardons, salez et poivrez à votre goût et remuez.

3 Chauffez le beurre dans une petite poêle antiadhésive pouvant aller au four. Versez les œufs aux légumes et laissez cuire 3 minutes à feu moyen.

4 Enfournez pour 12 minutes. En fin de cuisson, passez éventuellement sous un gril brûlant pendant 2 minutes.

Très bon aussi avec du jambon cru taillé en allumettes à la place du lard !

Petites tourtes aux pommes de terre et au jambon

Pour **4 personnes**
Préparation : **5 min**
Cuisson : **20 min**

2 pâtes feuilletées – 250 g de pommes de terre cuites sous vide, coupées en rondelles – 100 g de jambon coupé en cubes – 1 œuf – 60 g de comté râpé – 60 g de crème fraîche – 1 tige de thym effeuillée – 1 jaune d'œuf

1 Préchauffez le four à 210 °C (th. 7). Mélangez dans un saladier l'œuf, le fromage, la crème et le thym. Ajoutez les pommes de terre et le jambon, et remuez.

2 Étalez les pâtes feuilletées et taillez 8 disques de 15 cm de diamètre environ. Foncez 4 moules à tartelettes de 12 cm de diamètre environ avec 4 disques de pâte.

3 Répartissez la garniture dans les moules. Couvrez avec les 4 disques de pâtes restants. Pressez les bords pour les souder, puis repliez-les vers l'intérieur.

4 Badigeonnez la tourte de jaune d'œuf au pinceau, puis faites un petit trou au centre.

5 Enfournez pour 10 minutes à 210 °C (th. 7), puis 10 minutes à 180 °C (th. 6).

Donnez une touche italienne aux tourtes en remplaçant le jambon par de la coppa !

Hachis Parmentier de chipolatas et tomates

Pour **4 personnes**
Préparation : **5 min**
Cuisson : **15 min**

500 g de purée surgelée – 4 chipolatas coupées en tronçons de 1 cm environ
1 oignon haché finement – 4 tiges de persil finement hachées
20 g de beurre – 250 g de tomates concassées

1 Préchauffez le four à 220 °C (th. 7-8). Décongelez la purée en suivant les indications figurant sur l'emballage.

2 Faites revenir pendant ce temps dans une sauteuse l'oignon et le persil avec 10 g de beurre à feu moyen 2 minutes. Ajoutez les chipolatas et laissez cuire 3 minutes en remuant régulièrement, puis les tomates concassées et laissez cuire encore 2 minutes.

3 Étalez le contenu de la sauteuse au fond d'un plat à gratin, couvrez de purée et répartissez le reste de beurre sur le dessus.

4 Enfournez pour 5 minutes, puis passez sous un gril brûlant pendant 3 minutes.

Relevez le plat en ajoutant un peu de harissa !

Paupiettes de veau aux champignons

Pour **4 personnes**
Préparation : **4 min**
Cuisson : **16 min**

4 paupiettes de veau – 250 g de champignons de Paris émincés
20 g de beurre – 1 oignon haché finement – 20 cl de bouillon de légumes
20 cl de vin blanc – ½ cuil. à soupe de fond de veau déshydraté – 1 cuil. à café de Maïzena® – 4 cuil. à soupe de crème liquide entière – 4 branches de thym effeuillées – 2 tiges de persil frisé hachées – sel et poivre

1 Faites dorer les paupiettes avec le beurre dans une sauteuse à feu vif 1 minute de chaque côté. Ajoutez l'oignon et mélangez pendant 1 minute. Versez le bouillon et le vin blanc, portez à ébullition, couvrez et faites revenir 9 minutes. Ajoutez les champignons et poursuivez la cuisson 3 minutes.

2 Prélevez pendant ce temps 4 cuillerées à soupe de bouillon. Mélangez-les avec le fond de veau et la Maïzena®. Ajoutez ce mélange à la sauteuse et remuez pendant 1 minute.

3 Servez les paupiettes et le jus dans les assiettes, versez la crème liquide, salez et poivrez, et parsemez de thym et de persil.

Vous pouvez varier
les champignons : pensez
aux champignons des bois !

Parmentier rapide au corned-beef

Pour **4 personnes**
Préparation : **5 min**
Cuisson : **13 min**

340 g de corned-beef (ou de bœuf cuit) coupé en gros cubes – 500 g de purée surgelée – 1 petit oignon émincé finement – 1 branche de thym effeuillée
20 g de beurre – 2 cornichons hachés – 2 cuil. à café de câpres hachées
1 cuil. à soupe de soupe à l'oignon déshydratée – 1 cuil. à café de moutarde

1 Préchauffez le four à 220 °C (th. 7-8). Décongelez la purée selon les indications figurant sur l'emballage.

2 Faites revenir dans une sauteuse l'oignon et le thym avec 10 g de beurre pendant 2 minutes à feu moyen. Ajoutez les cornichons, les câpres, le corned-beef, la soupe déshydratée et 5 cl d'eau. Mélangez bien le tout et laissez cuire 3 minutes en remuant régulièrement. Ajoutez la moutarde et mélangez une dernière fois.

3 Étalez le contenu de la sauteuse au fond d'un plat à gratin, couvrez de purée et répartissez le beurre restant sur le dessus. Enfournez pour 5 minutes, puis passez sous un gril brûlant pendant 3 minutes.

Parfait le jour même,
et aussi bon réchauffé
le lendemain !

Pizza au steak haché

Pour **4 personnes**
Préparation : **5 min**
Cuisson : **12 min**

250 g de pâte à pain ou de pâte à pizza – 300 g de steak haché
6 tomates cerises coupées en deux – 1 boule de mozzarella – 3 cuil. à soupe de concentré de tomates – 2 cuil. à soupe de ketchup – 4 cuil. à soupe de parmesan râpé
Pour le hachis : 4 tiges de persil – ½ oignon – 4 cornichons

1 Préchauffez le four à 220 °C (th. 7-8)

2 Coupez la mozzarella en tranches, puis pressez-les entre plusieurs épaisseurs de papier absorbant. N'hésitez pas à recommencer l'opération pour que la pizza ne soit pas détrempée.

3 Préparez le hachis en mixant ensemble assez finement le persil, l'oignon et les cornichons.

4 Déposez la pâte étalée sur une plaque couverte de papier cuisson. Étalez dessus le concentré de tomates et le ketchup, puis la moitié du parmesan. Répartissez la mozzarella, le steak haché et le hachis. Enfournez pour 12 minutes environ.

5 Terminez en répartissant le parmesan restant et les tomates cerises.

N'hésitez pas à servir avec du ketchup ou de la sauce barbecue !

Tortilla au four

Pour **4 personnes**
Préparation : **2 min**
Cuisson : **18 min**

6 œufs – 350 g de pommes de terre cuites sous vide – 1 cuil. à soupe d'huile d'olive – 1 petit oignon rouge coupé en huit – 1 gousse d'ail – 4 tiges de persil – sel et poivre

1 Préchauffez le four à 220 °C (th.7-8). Mixez finement l'oignon, l'ail et le persil, ajoutez les pommes de terre et mixez encore grossièrement.

2 Faites revenir le mélange aux pommes de terre 3 minutes avec ½ cuillerée à soupe d'huile d'olive dans une poêle antiadhésive à feu vif.

3 Fouettez les œufs dans un saladier, puis ajoutez les pommes de terre chaudes, salez et poivrez à votre goût et mélangez.

4 Badigeonnez une poêle antiadhésive allant au four avec l'huile restante, versez-y l'omelette et faites cuire 2 minutes à feu moyen. Enfournez alors pour 15 minutes.

5 Passez éventuellement 1 ou 2 minutes sous un gril brûlant en fin de cuisson.

Aussi bonne chaude que froide !

Gratin de coquillettes au thon

Pour **4 personnes**
Préparation : **4 min**
Cuisson : **16 min**

240 g de coquillettes – 250 g de thon à l'huile égoutté et grossièrement émietté – 20 g de beurre – 20 g de farine – 50 cl de lait – 150 g de comté râpé – 2 cuil. à café de thym frais effeuillé – 4 tiges de persil frisé hachées 2 biscottes cassées en morceaux – sel et poivre

1 Préchauffez le four à 210 °C (th. 7). Faites cuire les pâtes dans une grande quantité d'eau salée selon les indications figurant sur l'emballage.

2 Faites fondre pendant ce temps le beurre dans une casserole, ajoutez la farine et mélangez bien. Incorporez le lait en fouettant et laissez chauffer 5 minutes. Ajoutez 120 g de comté, remuez et coupez le feu.

3 Mélangez dans un saladier les pâtes avec la moitié du thym et du persil, le thon, la préparation de farine et de lait, et poivrez à votre goût.

4 Mixez grossièrement les biscottes, ajoutez le reste du thym et du persil, et mixez finement.

5 Versez le contenu du saladier dans un moule de 16 cm de côté. Sur le dessus répartissez le comté restant, puis le contenu du mixeur.

6 Enfournez pour 8 minutes et placez sous le gril 3 minutes.

Pour plus de goût, vous pouvez utiliser des miettes de thon à la tomate !

Quichetiflette

Pour **4 personnes**
Préparation : **3 min**
Cuisson : **22 min**

1 rouleau de pâte brisée – 180 g de pommes de terre cuites sous vide 90 g de poitrine fumée taillée en allumettes – 120 g de reblochon coupé en tout petits morceaux – 60 g de crème fraîche – 2 œufs – poivre

1 Préchauffez le four à 240 °C (th. 8). Foncez un moule à tarte avec la pâte, piquez-la à la fourchette et précuisez-la 8 minutes.

2 Hachez grossièrement les pommes de terre et faites-les sauter avec la poitrine fumée dans une poêle antiadhésive pendant 3 minutes.

3 Fouettez les œufs dans un saladier, puis ajoutez les pommes de terre au lard, le reblochon et la crème, poivrez et mélangez.

4 Versez le tout sur la pâte et enfournez pour 15 minutes. Passez éventuellement sous un gril brûlant en fin de cuisson.

Surveillez la précuisson de la pâte : si elle commence à cloquer, piquez-la encore à la fourchette pour la faire redescendre.

Riz à la cantonaise

Pour **4 personnes**
Préparation : **6 min**
Cuisson : **12 min**

240 g de riz basmati – 90 g de haricots verts coupés en tronçons de 2 cm
90 g de pois gourmands coupés en trois – 16 crevettes crues surgelées
2 tranches de jambon – 4 œufs – 2 cuil. à café d'huile neutre – sel et poivre

1 Faites cuire le riz dans une grande quantité d'eau salée selon les indications figurant sur l'emballage.

2 Faites cuire les haricots verts dans une casserole d'eau bouillante salée. Après 3 minutes de cuisson, ajoutez les pois gourmands et les crevettes dans la casserole de haricots, et laissez cuire encore 4 minutes.

3 Battez 2 œufs dans un bol avec une pincée de sel. Chauffez une poêle antiadhésive à feu moyen avec 1 cuillerée à café d'huile, versez les œufs battus en les étalant bien et laissez cuire sans mélanger. Faites glisser l'omelette sur une assiette, déposez 1 tranche de jambon par-dessus et enroulez le tout. Coupez alors des tranches de 1 cm environ.

4 Recommencez l'opération avec les œufs et le jambon restants.

5 Mélangez le riz, les légumes et les crevettes, poivrez à votre goût, répartissez dans les assiettes et déposez par-dessus les roulés d'omelette au jambon.

Colorez le riz en ajoutant des dés de poivrons verts, rouges, jaunes et orange !

Fishburger

Pour **4 personnes**
Préparation : **6 min**
Cuisson : **8 min**

4 pains à bagels coupés en deux – 4 pavés de dos de cabillaud de 120 g chacun – 1 œuf battu – 2 tasses de chapelure – 1 cuil. à café de persil frisé
1 cuil. à soupe d'amandes effilées – 60 g de yaourt – 60 g de mayonnaise
4 tiges de ciboulette finement hachées – 1 cœur de salade effeuillée
¼ de concombre coupé en tranches assez fines – sel et poivre

1 Mixez ensemble la chapelure, le persil, les amandes, le sel et le poivre. Roulez les pavés de cabillaud dans l'œuf battu, puis dans la chapelure, et faites-les frire 6 minutes environ dans un bain d'huile à 160 °C.

2 Mélangez le yaourt, la mayonnaise et la ciboulette. Faites toaster les pains.

3 Étalez la sauce sur 4 demi-bagels, déposez de la salade, le concombre, le poisson, de nouveau de la salade et refermez.

À essayer aussi avec du saumon à la place du cabillaud !

Omelette pizza

Pour **4 personnes**
Préparation : **5 min**
Cuisson : **12 min**

6 œufs – 40 g de jambon cru en très fines tranches – 1 boule de mozzarella hachée très finement – 1 tomate coupée en très fines tranches – 12 petites olives noires dénoyautées – 12 feuilles de basilic – 1 filet d'huile d'olive

1 Battez les œufs dans un saladier avec la mozzarella, la tomate, les olives, le basilic et le jambon.

2 Versez l'huile, puis l'omelette dans une poêle antiadhésive de 22 cm environ. Faites cuire 8 minutes à feu doux.

3 Faites glisser l'omelette sur une assiette et placez-la sous un gril brûlant 3 minutes.

Comme pour les pizzas,
vous pouvez aussi utiliser
de l'huile piquante !

Croque-madame brioché

Pour **4 personnes**
Préparation : **2 min**
Cuisson : **18 min**

8 tranches de brioche – 2 tranches de jambon coupées en deux – 4 tranches fines d'emmental – 4 cuil. à soupe de béchamel – 4 cuil. à soupe de fromage râpé – 4 petits œufs

1 Préchauffez le four à 210 °C (th. 7).

2 Étalez la béchamel sur 4 tranches de brioche. Déposez par-dessus une demi-tranche de jambon et une tranche d'emmental.

3 Évidez le centre des 4 tranches restantes de brioche à l'aide d'un emporte-pièce et posez-les par-dessus. Parsemez le fromage râpé, puis déposez l'œuf.

4 Couvrez d'une feuille d'aluminium. Attention : la feuille d'aluminium ne doit pas toucher l'œuf. Enfournez pour 15 minutes. 3 minutes avant la fin de la cuisson, ajoutez la mie de pain restante pour la dorer et la servir avec les croques.

5 Enlevez l'aluminium à la fin de la cuisson, puis passez les croques 3 minutes sous un gril brûlant.

Si vous n'avez pas d'emporte-pièce, vous pouvez utiliser un verre.

Cordons bleus roulés

Pour **4 personnes**
Préparation : **8 min**
Cuisson : **10 min**

4 escalopes de veau très fines – 2 tranches de jambon coupées en deux
8 carrés de fromage fondant type Toastinette® – 2 œufs battus
4 cuil. à soupe de Maïzena® – 1 bol de panko (chapelure japonaise)
ou de chapelure – 1 tige de persil hachée finement – 20 g de beurre

1 Déposez une demi-tranche de jambon sur chacune des escalopes. Puis déposez 2 carrés de fromage fondant pliés en deux sur un bord et roulez chaque escalope en commençant par le bord avec fromage. Vous pouvez maintenir les extrémités fermées à l'aide de cure-dents.

2 Roulez les cordons bleus dans la Maïzena®, puis dans l'œuf battu et enfin dans la chapelure.

3 Faites fondre le beurre dans une poêle à feu moyen et laissez cuire les cordons bleus une dizaine de minutes en les retournant régulièrement. Servez en parsemant de persil.

Vous pouvez remplacer le veau par du poulet ou de la dinde.

Papillons aux courgettes, au jambon et à la Vache qui rit®

Pour **4 personnes**
Préparation : **4 min**
Cuisson : **8 min**

200 g de pâtes farfalles – 250 g de courgettes coupées en cubes
60 g de jambon coupé en cubes – 20 cl de crème liquide – 80 g de Vache qui rit® – 6 brins de ciboulette émincés finement – sel et poivre

1 Faites cuire les pâtes dans une grande quantité d'eau salée selon les indications figurant sur l'emballage. Ajoutez les courgettes 3 minutes avant la fin de la cuisson, puis égouttez le tout.

2 Chauffez la crème pendant ce temps dans un bol au micro-ondes ; ajoutez-y la Vache qui rit®, puis remuez jusqu'à ce que le fromage soit fondu.

3 Mélangez les pâtes aux courgettes et au jambon avec la crème au fromage.

4 Servez dans des assiettes, poivrez à votre goût et parsemez la ciboulette.

Vous pouvez remplacer la Vache qui rit® par du Kiri®.

Mesures utiles

1 noisette de beurre = 4 grammes

1 noix de beurre = 15 grammes

1 cuillère à soupe

= 15 grammes de sucre, sel ou beurre

= 12 grammes de farine ou semoule

= 1,5 cl de liquide

= 3 cuillères à café

1 cuillère à café

= 5 grammes de sel, sucre ou beurre

= 5 ml d'huile ou crème fraîche

= 0,5 cl de liquide

= 4 grammes de farine ou semoule

1 pincée de sel = 0,3 à 0,5 gramme

1 morceau de sucre = 5 grammes

Économat

Dans le placard

Œufs

Sels (sel fin, gros sel, fleur de sel, sels aromatisés) et poivres (noir ou exotique)

Huiles de goût neutre (maïs, tournesol, colza) ou parfumées (olive, noix...)

Vinaigres (blanc, rouge, balsamique, de xérès, de cidre...)

Lait (entier, allégé ou écrémé)

Crème liquide

Sucres (sucre semoule blanc ou roux, sucre glace)

Sauces asiatiques (soja, hoisin, teriyaki...)

Farine

Levure chimique

Cacao en poudre

Plaquettes de chocolat

Aides culinaires : bouillons et courts-bouillons déshydratés en cubes et en tablettes, gelée alimentaire en feuilles ou en poudre, fonds de veau ou de volaille, Maïzena®

Vanille (extrait ou gousse)

Riz, pâtes, semoules et céréales

Herbes

Épices

Fruits secs

Graines (sésame, lin, tournesol...)

Tomates en conserve

Ail, échalote, oignons et pommes de terre

Température du four

Thermostat	Température approximative
1	30 °C (à peine tiède)
2	60 °C (tiède)
3	90 °C (chaleur très douce)
4	120 °C (chaleur douce)
5	150 °C (chaleur modérée)
6	180 °C (chaleur moyenne)
7	210 °C (assez chaud)
8	240 °C (chaud)
9	270 °C (très chaud)
10	300 °C (chaleur vive)

Dans le réfrigérateur

Beurre

Pâtes prêtes à l'emploi

Moutardes

Herbes fraîches

Gruyère et parmesan râpés

Dans le congélateur

Herbes

Plats cuisinés

Légumes

Table des recettes

Les plats minute

Petits repas improvisés

Les plats-tartines

Les salades repas

Les plats d'été

Les soupes complètes

Les plats d'hiver

Petits et grands adorent

Index

lisme : **Dorian Nieto**
sur : doriannn.blogspot.fr
/dorian.nieto

Direction éditoriale : Didier Férat
Édition : Diane Monserat
Graphisme : Julia Philipps
Mise en page et photogravure : Nord Compo
Fabrication : Laurence Duboscq

ISBN : 978-2-263-18265-5
Code éditeur : L18265
Dépôt légal : janvier 2023
Imprimé en en Espagne par Egedsa